Patrick Rosenthal

EASY Feierabendküche

Patrick Rosenthal

70 clevere
Rezeptideen
mit wenig
Aufwand

riva

Bibliografische Information der Deutschen Nationalbibliothek
Die Deutsche Nationalbibliothek verzeichnet diese Publikation in der Deutschen Nationalbibliografie. Detaillierte bibliografische Daten sind im Internet über http://dnb.d-nb.de abrufbar.

Für Fragen und Anregungen
info@rivaverlag.de

Wichtiger Hinweis
Ausschließlich zum Zweck der besseren Lesbarkeit wurde auf eine genderspezifische Schreibweise sowie eine Mehrfachbezeichnung verzichtet. Alle personenbezogenen Bezeichnungen sind somit geschlechtsneutral zu verstehen.

Originalausgabe
1. Auflage 2023

Türkenstraße 89
80799 München
Tel.: 089 651285-0
Fax: 089 652096

Redaktion: Caroline Kazianka
Umschlaggestaltung: Isabella Dorsch
Umschlagabbildungen: Patrick Rosenthal
Satz: inpunkt[w]o, Haiger (www.inpunktwo.de)
Druck: Florjancic Tisk d.o.o., Slowenien
Printed in the EU

ISBN Print 978-3-7423-2243-2
ISBN E-Book (PDF) 978-3-7453-2025-1
ISBN E-Book (EPUB, Mobi) 978-3-7453-2026-8

Weitere Informationen zum Verlag findest du unter
www.rivaverlag.de
Beachte auch unsere weiteren Verlage unter www.m-vg.de

Inhalt

Mein Ziel mit diesem Buch war es, solide, leckere Gerichte zu präsentieren und diese ohne jeglichen Schnickschnack zu fotografieren und so darzustellen, wie sie daheim auf dem Tisch aussehen werden. Vielleicht dienen einige Rezeptvorschläge auch nur als Anregung, um wieder etwas ganz Neues zu kreieren oder Gerichte mit ein oder zwei Zutaten noch etwas mehr aufzupimpen. Auf jeden Fall sollten die Gerichte schnell in der Zubereitung sein und in der Regel nicht so viele Zutaten beinhalten.

Vielleicht schaffe ich es damit ja, einige Menschen wieder in die Küche zu bewegen und davon zu überzeugen, lieber selbst etwas auszuprobieren, anstatt auswärts zu essen. Das wäre ein guter Schritt in die richtige Richtung.

Mein grundsätzliches Ziel war es, möglichst wenig Zutaten zu nutzen. Ich bin aber davon ausgegangen, dass folgende Lebensmittel als Grundnahrungsmittel im Vorratsschrank vorhanden sind:

Grundnahrungsmittel

1. Salz
2. Meersalz
3. Pfeffer
4. Sonnenblumenöl
5. Olivenöl
6. Weißweinessig
7. Gemüsebrühe
8. Fettarme Milch
9. Tomatenmark
10. Zwiebeln
11. Mehl
12. Eier
13. Butter
14. Zucker

Kleine Stärkung

Overnight Oats mit Mango

Kernige Haferflocken eignen sich für Overnight Oats besonders gut, da sie am nächsten Tag noch etwas bissfest sind. Wer es breiiger mag, der kann auch zarte Haferflocken verwenden. Als Obst eignet sich eigentlich alles.

Zutaten für 4 Portionen

200 g kernige Haferflocken
2 TL Honig
2 reife Mangos

Aus dem Vorratsschrank:

400 ml fettarme Milch

1. In einer Schüssel Haferflocken, Milch und Honig vermengen und über Nacht im Kühlschrank zugedeckt quellen lassen.
2. Am nächsten Tag die Mangos schälen, das Fruchfleisch vom Kern schneiden und die Hälfte davon im Mixer pürieren. Die andere Hälfte in kleine Stücke schneiden.
3. Die Haferflockenmasse auf 4 Gläser oder Schalen verteilen, das Mangopüree und die Mangowürfel daraufgeben.

Gefüllte Baguettebrötchen

Eine super Möglichkeit, um übrig gebliebene Brötchen vom Vortag zu verbrauchen. Einfach etwas befeuchten, im Backofen werden sie wieder schön knusprig.

Zutaten für 4 Portionen

4 Baguettebrötchen
½ Bund Schnittlauch
100 g Gourmet-Katenschinken
50 g geriebener Gratinkäse

Aus dem Vorratsschrank:

1 Zwiebel
5 Eier

1. Backofen auf 180 °C Umluft vorheizen und ein Backblech mit Backpapier auslegen. Brötchen auf der Oberseite längs einschneiden und etwas Krume herausnehmen. Schnittlauch waschen, trocken schütteln und in feine Röllchen schneiden.
2. Speckwürfel in einer Pfanne ohne Öl kurz anbraten. Zwiebel schälen und würfeln. Eier, Speck, Käse, Zwiebel und Schnittlauch in einer Schüssel verrühren und in die Brötchen füllen.
3. Brötchen auf das Blech setzen und im Ofen 10 Minuten goldbraun backen.

TIPP: Wer keinen frischen Schnittlauch bekommt, kann auch 2 TL gefriergetrockneten Schnittlauch aus dem Glas nehmen.

Käseaufstrich

Beim Käseaufstrich lässt sich nach Herzenslust experimentieren. Durch die Sahne und die Kondensmilch wird der Geschmack des Weichkäses etwas abgemildert – ideal, um mit diversen Zutaten tolle Geschmacksvarianten zu erzielen.

Zutaten für 4–6 Portionen

200 g Weichkäse
50 ml Kondensmilch
100 g Schlagsahne
½ Bund Schnittlauch

Aus dem Vorratsschrank:

100 g Butter
1 Prise Salz

1. Weichkäse in kleine Stücke schneiden und die Butter würfeln.
2. Kondensmilch und Sahne in einen Topf geben und erwärmen. Weichkäse und Butter zugeben und unter Rühren schmelzen lassen. Mit Salz würzen. Sobald alles geschmolzen ist, die gesamte Masse pürieren und abkühlen lassen. Im Kühlschrank mindestens 4 Stunden kalt und fest werden lassen.
3. Schnittlauch waschen, trocken schütteln und in feine Röllchen schneiden.
4. Mindestens 30 Minuten vor dem Verzehr Aufstrich aus dem Kühlschrank nehmen und mit Schnittlauchröllchen garnieren.

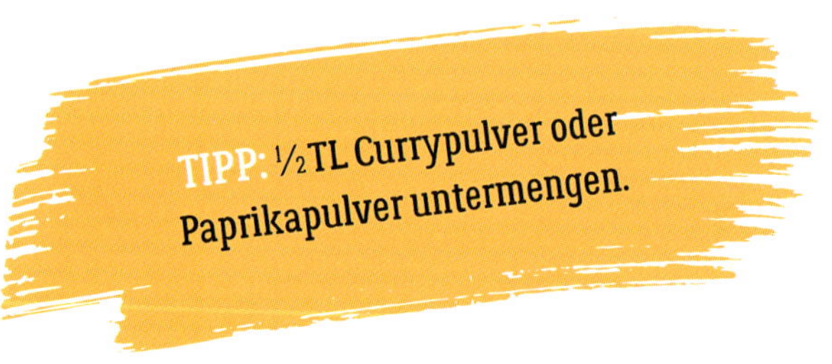

Thunfischaufstrich

Schneller geht es wirklich nicht. Und dieser Thunfischaufstrich ist als Snack total beliebt.

Zutaten für 4 Portionen

200 g Thunfisch (aus der Dose)
2 TL scharfer Senf
150 g milder Joghurt
1 TL Zitronensaft
3 TL Schnittlauchröllchen

Aus dem Vorratsschrank:

Salz
Pfeffer

1. Thunfisch, Senf, Joghurt und Zitronensaft in einen Mixer geben und kurz pürieren. Mit Salz und Pfeffer würzen und gut verrühren.
2. Schnittlauch waschen, trocken schütteln und in feine Röllchen schneiden.
3. Aufstrich mit Schnittlauch garniert servieren.

STAUB
STAUB

Frischkäsebällchen

Frischkäse darf natürlich beim Abendbrot nicht fehlen. Aber man kann sich seinen Frischkäse auch etwas verfeinern. Und die Bällchen sehen dann auch viel besser aus.

Zutaten für 4 Portionen

1 Bund Schnittlauch

400 g Doppelrahmfrischkäse

1. Schnittlauch waschen, trocken schütteln und in feine Röllchen schneiden. Auf einem kleinen Teller verteilen.
2. Den Frischkäse mit feuchten Händen zu Bällchen formen und diese in den Schnittlauchröllchen wälzen.

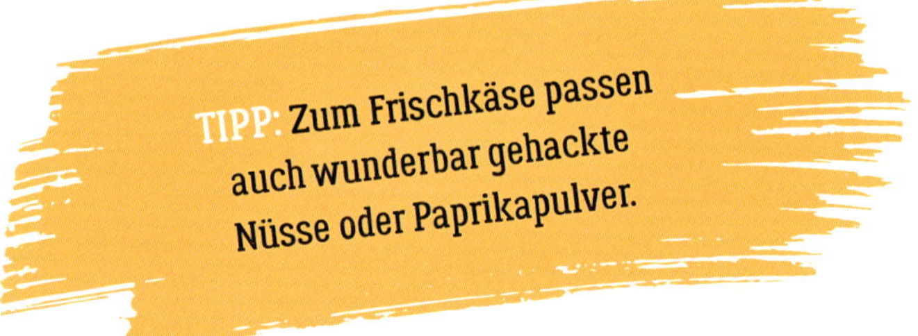

Sahnejoghurt mit marinierten Aprikosen

Natürlich schmeckt der Joghurt mit der frisch geschlagenen Sahne doppelt so gut. Aber der Thymian-Sirup verleiht dem Ganzen erst den richtigen Geschmackskick.
Mit dem Thymian-Sirup lässt sich auch ein tolles Erfrischungsgetränk zubereiten. Einfach ein wenig Sirup ins Glas geben und mit Eiswürfeln und Sprudelwasser aufgießen.

Zutaten für 4 Personen

1 Zitrone
4 EL Thymian-Sirup (siehe unten)
5 Zweige Thymian (oder Zitronenthymian)
8 Aprikosen
200 g Schlagsahne
150 g milder Joghurt

Aus dem Vorratsschrank:

170 g Zucker
100 ml Wasser

1. Zitrone waschen, die Schale abreiben und die Frucht auspressen.
2. Für den Thymian-Sirup 150 g Zucker mit Wasser, Zitronensaft und -schale sowie den gewaschenen Thymianzweigen in einem Topf aufkochen lassen und bei kleiner Hitze 30 Minuten ziehen lassen. Dann Sirup abkühlen lassen und die nicht verwendete Menge in sterile Flaschen füllen.
3. Aprikosen waschen, halbieren, entsteinen und würfeln. Mit Thymian-Sirup beträufeln und auf 4 Gläser verteilen.
4. Die Sahne mit dem restlichen Zucker in eine Schüssel geben und mithilfe eines Handrührgeräts steif schlagen. Vorsichtig mit dem Joghurt verrühren. Sahnejoghurt auf die Gläser aufteilen und servieren.

Schokoladen-Nuss-Granola

Schnell gemacht und auch ein toller Snack oder Mitbringsel bei einer Einladung.

Zutaten für 8 Portionen

200 g kernige Haferflocken
5 EL Backkakao
2 EL geschmolzenes Kokosöl
120 g Honig
200 g gemischte Nüsse

Aus dem Vorratsschrank:

1 Prise Salz

1. Backofen auf 160 °C Umluft vorheizen und ein Backblech mit Backpapier auslegen.
2. Alle Zutaten in einer Schüssel vermengen und die Masse auf das Backpapier streichen.
3. Mischung im Ofen 15 Minuten backen und dann vollständig auskühlen lassen. Granola zum Aufbewahren in luftdichte Behälter füllen.

made with
love

Kirsch-Orange-Kefir-Drink

Vitaminspritze gefällig? Frisch gepresster Orangensaft und Kefir sind einfach eine gute Kombination. Kefir schmeckt etwas saurer als Joghurt und hat eine flüssige bis dickflüssige, leicht sprudelige Konsistenz und eignet sich so besonders für Drinks.

Zutaten für 1 Portion

1 Orange
250 g Sahnekefir Kirsch (1 Becher)

Die Orange auspressen und den Saft mit dem Kefir verrühren.
In ein Glas füllen und eiskalt servieren.

Ingwer-Shot

Ingwer-Shots sind die Immunbooster schlechthin! Man kann zwar auch auf die fertigen Shots aus dem Supermarkt zurückgreifen, doch jetzt wird auch das selbst gemacht. Das geht richtig schnell und spart eine Menge Geld.

Zutaten für 10 Shots

3 Zitronen

100 g Ingwer

Aus dem Vorratsschrank:

200 ml Wasser

1. Die Zitronen auspressen, den Ingwer schälen und klein würfeln. Ingwer und Zitronensaft mit dem Wasser in einen Standmixer geben und fein pürieren. Alternativ einen Pürierstab verwenden.
2. Mischung in eine Flasche abfüllen und im Kühlschrank aufbewahren. Vor dem Verzehr gut schütteln.
3. Anmerkung: Je nach Leistung des Mixers kann es nötig sein, die Ingwer-Mischung vor dem Abfüllen zu filtern. Dazu eignet sich am besten ein Feinsieb oder ein Küchentuch aus Stoff.

TIPP: Die Menge reicht für 10 Shots, also nicht alles auf einmal trinken. Wem der Shot zu scharf ist, der kann ihn auch mit etwas Orangensaft oder Mineralwasser mischen.

Himbeer-Porridge

Wem der normale Haferflockenbrei mal zu langweilig wird, kann anstelle der Haferflocken einfach Früchte-Müsli probieren.

Zutaten für 2 Portionen

100 g Früchte-Müsli
1 TL Honig
150 g frische oder TK-Himbeeren
2 Äpfel
100 g milder Joghurt

Aus dem Vorratsschrank:

220 ml fettarme Milch

1. Müsli mit der Milch und dem Honig in einen Topf geben, verrühren und 10 Minuten unter Rühren köcheln lassen. Dann über Nacht abgedeckt im Kühlschrank ziehen lassen.
2. Am nächsten Tag die TK-Himbeeren antauen lassen, frische Himbeeren verlesen und vorsichtig waschen.
3. Die Müslimischung kurz durchrühren. Die Himbeeren mit einer Gabel zerdrücken und unter die Müslimischung heben.
4. Die Äpfel waschen, entkernen und reiben. Dann unter das Müsli heben. Mit Joghurt servieren.

Für den kleinen Hunger

Ciabatta-Stangen

Brotbackmischungen sind einfach praktisch! Das ist immerhin ein bisschen selbst gemacht. Da ich immer welche im Haus habe, kann auch mal ein unerwarteter Besuch in den Genuss von frischem Brot kommen.

Zutaten für 12 Stück

½ Packung Ciabatta-Backmischung
10 grüne, entsteinte Oliven
10 schwarze, entsteinte Oliven
50 g Paprika aus dem Glas

1. Ciabatta-Teig nach Packungsanweisung zubereiten.
2. Die Oliven halbieren und die Paprika in kleine Stücke schneiden. Beides nach dem ersten Gehen des Teigs in den Teig kneten. Teig in 12 Stücke teilen und diese zu länglichen Brötchen formen.
3. Die Stangen auf ein mit Backpapier belegtes Blech legen, nochmals 30 Minuten gehen lassen und dann im vorgeheizten Ofen ca. 10–15 Minuten goldbraun backen.

Curry-Nudelsalat im Glas

Der fruchtige Salat macht sich nicht nur als Abendessen gut, sondern auch als Nudelsalat to go fürs Büro.

Zutaten für 4 Portionen

300 g Nudeln
4 Hähnchenbrustfilets (ca. 500 g)
2 TL Currypulver
1 Zitrone
1 Bund Koriander
½ Ananas
2 Möhren
200 g milder Joghurt

Aus dem Vorratsschrank:

2 EL Sonnenblumenöl
Salz
Pfeffer

1. Nudeln nach Packungsanweisung gar kochen.
2. Das Hähnchenbrustfilet in Streifen schneiden.
3. Öl in einer Pfanne erhitzen und das Fleisch darin von allen Seiten anbraten. Dann mit Curry, Salz und Pfeffer würzen. Herausnehmen und zur Seite stellen.
4. Die Zitrone waschen, die Schale abreiben und den Saft auspressen.
5. Koriander waschen, trocken schütteln und fein hacken. Ananas schälen und in Würfel schneiden. Möhren putzen, schälen und in Scheiben schneiden.
6. Joghurt in einer Schüssel mit Zitronenschale und Koriander verrühren und mit Zitronensaft abschmecken. Mit Salz und Pfeffer würzen.
7. Nacheinander Joghurt, Möhren, Nudeln, Hähnchenbruststreifen und Ananas auf 4 Gläser aufteilen.

Bauernfrühstück

Bei einer richtig deftigen Mahlzeit dürfen Kartoffeln, würzige Kabanossi und Eier nicht fehlen. Und das am besten alles in einer Pfanne.

Zutaten für 2 Portionen

200 g Kabanossi
1 Glas gekochte Kartoffeln (420 g Abtropfgewicht)
1 Glas gegrillte Paprika (400 g Abtropfgewicht)

Aus dem Vorratsschrank:

3 EL Sonnenblumenöl
4 Eier
80 ml fettarme Milch
Salz
Pfeffer

1. Kabanossi würfeln und in einer Pfanne mit 2 EL Sonnenblumenöl auslassen. Dann herausnehmen und auf Küchenpapier abtropfen lassen.
2. Kartoffeln und Paprika in ein Sieb abgießen und abtropfen lassen. Kartoffeln je nach Größe halbieren.
3. Backofen auf 200 °C Umluft vorheizen.
4. Das restliche Öl in einer ofenfesten Pfanne erhitzen und die Kartoffeln darin von allen Seiten goldbraun braten. Paprika in Streifen schneiden und zusammen mit den Kabanossiwürfeln auf die Kartoffeln heben.
5. Die Eier in einer Schüssel mit der Milch verquirlen und mit Salz und Pfeffer würzen. Eiermischung über die Kartoffeln gießen.
6. Auflauf im Backofen 10–15 Minuten stocken lassen und heiß servieren.

STAUB
STAUB

Eiersalat

Das ist wirklich ein schnell zubereiteter Eiersalat, wenn mal wenig Zeit ist. Schmeckt prima auf frischen Brötchen.

Zutaten für 4 Portionen

10 vorgekochte Eier
1 Bund Schnittlauch
2 TL Senf
1 Becher Crème fraîche
100 g milder Joghurt

Aus dem Vorratsschrank:

Salz
Pfeffer

1. Die Eier pellen und in Viertel schneiden.
2. Schnittlauch waschen, trocken schütteln und in Röllchen schneiden.
3. Senf, Crème fraîche und Joghurt in einer Schüssel verrühren. Schnittlauch unterheben und Sauce mit Salz und Pfeffer würzen.
4. Die Eier vorsichtig unterheben.

Kartoffel-Radieschen-Salat

Wenn Du plötzlich Lust auf Kartoffelsalat bekommst und Du mit wenig Aufwand schnell genießen möchtest, ist das Rezept genau richtig. Die Radieschen machen den Kartoffelsalat etwas knackiger.

Zutaten für 4 Portionen

2 Gläser gekochte Kartoffeln (je 420 g Abtropfgewicht)
1 Bund Radieschen
5 EL Mayonnaise
2 TL getrocknete Petersilie
1 TL milder Senf
2 TL Zitronensaft

Aus dem Vorratsschrank:

Salz
Pfeffer

1. Kartoffeln durch ein Sieb abgießen, in Scheiben schneiden und in eine Schüssel geben. Radieschen waschen, putzen und in Scheiben schneiden.
2. Mayonnaise in einer Schüssel mit Petersilie, Senf und Zitronensaft vermengen. Mit Salz und Pfeffer würzen. Mayonnaise zusammen mit den Radieschenscheiben unter die Kartoffeln heben.

Gebratener Mozzarella mit Parmaschinken

Mozzarella und Parmaschinken ist eine unwiderstehliche Kombination! Überzeuge dich selbst.

Zutaten für 4 Portionen

2 Zucchini
1 Zweig Rosmarin
4 Kugeln Mozzarella
8 Scheiben Parmaschinken

Aus dem Vorratsschrank:

3 EL Olivenöl
1 TL Zucker
Salz
Pfeffer

1. Die Zucchini waschen, putzen und in Scheiben schneiden.
2. 2 EL Olivenöl in einer Pfanne erhitzen und die Zucchinischeiben darin rundum goldbraun braten. Zucker und den gewaschenen Rosmarinzweig zugeben, kurz mitbraten und dann Gemüse mit Salz und Pfeffer würzen. Die Hitze herunterschalten (die Zucchini nur warm halten) und den Rosmarinzweig entfernen.
3. Die Mozzarellakugeln abtropfen lassen und halbieren. Jede Hälfte mit 1 Scheibe Parmaschinken umwickeln.
4. Das restliche Olivenöl in einer beschichteten Pfanne erhitzen und die Mozzarellahälften darin von beiden Seiten braten, bis der Schinken gebräunt ist. Zusammen mit dem Zucchinigemüse servieren.

Steak-Sandwich

Wir lieben grundsätzlich Sandwiches, und wenn ich dieses Sandwich im Büro auspacke, gibt es schon manchmal neidische Blicke. Es schmeckt kalt übrigens ebenso gut wie warm.

Zutaten für 4 Portionen

500 g Schweinefilet
1 Bund Radieschen
50 g Spinat
80 g Mayonnaise
100 g Tomatenketchup
1 TL Currypulver
8 Scheiben Weizen-Mischbrot

Aus dem Vorratsschrank:

3 EL Sonnenblumenöl
Salz
Pfeffer
3 Zwiebeln
2 TL Zucker

1. Das Fleisch abspülen, mit Küchenpapier trocken tupfen und in Scheiben schneiden. Den Backofen auf 150 °C Umluft vorheizen.
2. Sonnenblumenöl in einer Pfanne erhitzen und das Schweinefilet von beiden Seiten ca. 5 Minuten anbraten und dann mit Salz und Pfeffer würzen. Herausnehmen, in eine Auflaufform legen und im Backofen 10 Minuten weitergaren lassen.
3. Zwiebeln schälen und in Ringe schneiden. In der Pfanne goldbraun braten, Zucker zugeben und Zwiebeln karamellisieren. Mit Salz und Pfeffer würzen.
4. Radieschen waschen, putzen und in Scheiben schneiden. Spinat verlesen, waschen und trocken schleudern.
5. Mayonnaise mit Ketchup, Curry, Salz und Pfeffer verrühren.

6. Die Brotscheiben toasten. 4 Brotscheiben mit Spinat, Fleisch, Zwiebeln, Radieschen und Sauce belegen, die restlichen Brotscheiben auflegen und Sandwiches servieren.

Kirschlimonade

Die Kirschen in Nachbars Garten, die waren so süß und so rot ... und dass Kirschen nicht nur zum Naschen und Backen besonders geeignet sind, zeigt diese erfrischende Limonade.

Zutaten für 1½ Liter

250 g Kirschen
3 Zitronen
80 ml Honig

Aus dem Vorratsschrank:

1 l Mineralwasser
Eiswürfel

1. Kirschen waschen, entstielen, entsteinen und grob zerhacken. 150 ml Wasser und Kirschen in einen Topf geben und aufkochen lassen. Bei mittlerer Hitze 15 Minuten köcheln lassen, dann abkühlen lassen.
2. 1 Zitrone gut waschen und die Schale abreiben. Alle 3 Zitronen auspressen.
3. Kirschen, Zitronenabrieb, -saft und Honig in einen Mixer geben und fein pürieren. Durch ein Sieb abseihen und vollständig abkühlen lassen.
4. Kirschsirup mit Mineralwasser aufgießen und mit Eiswürfeln servieren.

TIPP: Der Kirschsirup kann auch mit eisgekühltem Sekt aufgegossen werden.

Toast-Hawaii-Auflauf

Der Klassiker! Als Kind mochte ich die Kombination von Ananas und Schinken gar nicht. Heute liebe ich sie.

Zutaten für 4 Portionen

100 g Schlagsahne
200 g Dänischer Belcavo Käse
4 Scheiben Ananas (aus der Dose)
4 Sandwich-Toastscheiben
4 Scheiben gekochter Schinken
Petersilie zum Bestreuen (optional)

Aus dem Vorratsschrank:

15 g Butter
15 g Mehl
200 ml Gemüsebrühe
Meersalz
Pfeffer

1. Backofen auf 200 °C Umluft vorheizen.
2. Butter in einem Topf schmelzen lassen und das Mehl unter Rühren darin anschwitzen. Mit Brühe und Sahne ablöschen und Sauce unter Rühren kurz aufkochen lassen.
3. 8 Scheiben Käse zur Seite legen, den restlichen Käse klein schneiden, in der Sauce schmelzen lassen und diese mit Salz und Pfeffer würzen.
4. Ananasscheiben auf den Sandwichscheiben verteilen und jeweils mit 1 Scheibe Schinken und 2 Scheiben Käse belegen.
5. Die Hälfte der Käsesauce in eine Auflaufform gießen und die Brotscheiben hineinlegen. Restliche Sauce darübergießen und Auflauf im Ofen 15 Minuten backen.
6. Vor dem Servieren mit Petersilie bestreuen.

Gefülltes Ciabatta

Wenn die Grillzeit startet, darf auch ein gefülltes Ciabatta nicht fehlen. Beim Abendbrot macht es aber ebenso eine gute Figur und gehört zu den Speisen, die als Erstes vergriffen sind.

Zutaten für 4 Portionen

1 Ciabatta
2 Knoblauchzehen
1 Bund Basilikum
250 g Mozzarella
6 Cocktailtomaten

Aus dem Vorratsschrank:

50 g Butter
Salz
Pfeffer

1. Backofen auf 200 °C Umluft vorheizen.
2. Das Ciabatta alle 3 cm tief einschneiden, ohne es dabei durchzuschneiden.
3. Den Knoblauch schälen und fein hacken. Das Basilikum waschen, trocken schütteln und fein hacken. Beides in einer Schüssel mit der Butter vermengen und mit Salz und Pfeffer würzen.
4. Mozzarella abtropfen lassen, Tomaten putzen, waschen und beides in Scheiben schneiden.
5. Butter in die Brotspalten streichen und Mozzarella- und Tomatenscheiben hineinstecken.
6. Gefülltes Ciabatta auf ein mit Backpapier belegtes Blech legen und im Backofen 15–20 Minuten backen.

Hauptgerichte

Hähnchenfilets mit Bandnudeln

Wenige Zutaten, einfache Zubereitung – diese Hauptmahlzeit steht in nur 30 Minuten auf dem Tisch.

Zutaten für 4 Portionen

400 g Bandnudeln
500 g Hähnchenbrustfilet
400 g Cocktailtomaten
250 g Doppelrahmfrischkäse
½ Bund Schnittlauch

Aus dem Vorratsschrank:

2 EL Sonnenblumenöl
Meersalz
Pfeffer
1 Zwiebel
200 ml Gemüsebrühe

1. Nudeln nach Packungsangabe in kochendem Salzwasser al dente kochen.
2. In der Zwischenzeit das Hähnchenbrustfilet waschen, mit Küchenpapier trocken tupfen und in Würfel schneiden.
3. Die Cocktailtomaten waschen und den Frischkäse durchrühren. Schnittlauch waschen, trocken schütteln und in feine Röllchen schneiden.
4. Sonnenblumenöl in einer Pfanne erhitzen und das Hähnchenbrustfilet darin rundum scharf anbraten. Mit Salz und Pfeffer würzen. Herausnehmen und zur Seite stellen.
5. Die Zwiebel schälen und in Würfel schneiden. Tomaten und Zwiebelwürfel in die Pfanne geben und andünsten. Mit Salz und Pfeffer würzen, herausnehmen und zur Seite stellen.

6. Gemüsebrühe in die Pfanne gießen, aufkochen lassen und den Frischkäse einrühren.
7. Die Nudeln abseihen und zusammen mit den Cocktailtomaten, Zwiebeln und Hähnchenbrustfilets in die Pfanne geben. Alles gut vermischen und vor dem Servieren mit Schnittlauch garnieren.

Maultaschenauflauf

Dies ist eine schnelle Auflaufvariante, für die nur vier Zutaten frisch eingekauft werden müssen, der Rest stammt aus dem Vorrat.

Zutaten für 4 Portionen

1 Brokkoli
800 g stückige Tomaten (aus der Dose)
400 g frische Maultaschen
200 g geriebener Emmentaler

Aus dem Vorratsschrank:

2 Zwiebeln
2 EL Sonnenblumenöl
1 EL Tomatenmark
Meersalz
Pfeffer
1 Prise Zucker

1. Backofen auf 200 °C Umluft vorheizen.
2. Den Brokkoli putzen, waschen, in Röschen schneiden und diese in einem Topf mit Salzwasser 4 Minuten kochen, dann in einem Sieb abtropfen lassen.
3. Die Zwiebeln schälen und in Würfel schneiden. Öl in einer Pfanne erhitzen und die Zwiebelwürfel darin anschwitzen. Tomatenmark unterrühren und kurz braten. Die stückigen Tomaten zugeben, mit Salz, Pfeffer und Zucker würzen und Sauce 10 Minuten köcheln lassen.
4. Tomatensauce in eine Auflaufform (ca. 20 × 30 cm) füllen. Brokkoli und Maultaschen darin verteilen und mit Käse bestreuen. Auflauf 15 Minuten im Ofen backen.

STAUB
STAUB

Hummus-Wraps

Das ist mein Lieblings-»Ich brauch ganz schnell etwas zum Abendessen«-Wrap. Man kann bei der Zutatenauswahl wirklich kreativ sein. Unbedingt probieren: Anstelle des Kopfsalates einfach eine Zucchini mit dem Sparschäler fein hobeln und auf dem Hummus verteilen.

Zutaten für 4 Portionen

½ Kopf Römersalat
2 Dürüm
200 g Rote-Bete-Hummus
200 g Couscous-Salat

1. Den Römersalat waschen, trocken schütteln und die Blätter abziehen.
2. Dürüm mit Rote-Bete-Hummus bestreichen, die Salatblätter auflegen und den Couscous-Salat darauf verteilen. Dürüm aufrollen und in Scheiben schneiden.

Texmex-Frikadellen mit Reis

Ich sage ja immer: Esst alle mehr Reis! Und wer jetzt dagegenhält, dass Reis doch keinen Geschmack hat, der wird mit diesem Rezept eines Besseren belehrt.

Zutaten für 4 Personen

2 Kochbeutel Reis
3 kleine Dosen bunter Gemüsemix (je 140 g Abtropfgewicht)
500 g gemischtes Hackfleisch
1 Dose Kidneybohnen (255 g Abtropfgewicht)
6 EL Tomatenketchup

Aus dem Vorratsschrank:

1 Ei
Salz
Pfeffer
5 EL Sonnenblumenöl
2 Zwiebeln

1. Den Reis nach Packungsanweisung gar kochen.
2. 1 Dose Gemüsemix in einem Sieb abtropfen lassen und mit dem Hackfleisch und Ei in einer Schüssel zu einem Fleischteig verkneten. Mit Salz und Pfeffer würzen. Aus der Hackfleischmasse 8 Frikadellen formen. Die Hälfte des Öls in einer Pfanne erhitzen und die Frikadellen darin von beiden Seiten ca. 10 Minuten braten.
3. Kidneybohnen in einem Sieb abtropfen lassen. Die restlichen Dosen Gemüsemix ebenfalls abtropfen lassen.
4. Die Zwiebeln schälen und in Würfel oder Streifen schneiden. Das restliche Öl in der Pfanne erhitzen und die Zwiebeln darin andünsten. Maismischung und Kidneybohnen zugeben und den Ketchup unterrühren.
5. Reis aus den Kochbeuteln nehmen, in die Pfanne geben und unterheben. Reismischung mit den Frikadellen servieren.

Minutensteaks mit warmem Tortelloni-Salat

15 Minuten Zeit? Dann stellt sich nur die Frage: 15 Minuten auf dem Sofa entspannen oder dieses leckere Gericht zaubern.

Zutaten für 4 Personen

1 rote Paprikaschote
500 g Spitzkohl
1 TL getrocknete Petersilie
1 Zitrone
400 g Spinat-Ricotta, Tortelloni
8 Schweine-Minutensteaks (à ca. 60 g)

Aus dem Vorratsschrank:

Salz
Pfeffer
3 EL Essig
10 EL Olivenöl

1. Paprika und Spitzkohl putzen, waschen und in Streifen schneiden. Dann in eine Schüssel geben. ½ TL Salz und etwas Pfeffer zugeben und gut durchkneten. Mit Essig und 3 EL Olivenöl vermischen.
2. Die Petersilie in einer Schüssel mit 4 EL Olivenöl verrühren.
3. Die Zitrone heiß abwaschen, die Schale fein abreiben und unter die Petersilienmischung rühren. Die Zitrone auspressen und den Saft zur Kohlmischung geben.
4. Die Tortelloni in einem Topf mit Salzwasser nach Packungsanweisung kochen, abgießen und abtropfen lassen. Tortelloni unter die Kohl-Paprika-Mischung heben.
5. In der Zwischenzeit das restliche Öl in einer Pfanne erhitzen und die Minutensteaks darin von beiden Seite je ca. 1 Minute goldbraun braten.
6. Tortellonisalat zusammen mit den Minutensteaks servieren. Petersilienmischung auf die Minutensteaks löffeln.

Maispuffer

Die Maispuffer schmecken auch kalt am nächsten Tag noch richtig lecker und eignen sich so zum Mitnehmen ins Büro. Gut schmeckt ein bisschen Kräuterquark dazu.

Zutaten für 5–6 Stück

300 g Gemüsemais (aus der Dose)
1 Frühlingszwiebel
½ TL Backpulver
2 TL getrocknete Petersilie

Aus dem Vorratsschrank:

3 Eier
100 ml Gemüsebrühe
250 g Mehl
5 EL Sonnenblumenöl

1. Den Mais durch ein Sieb abgießen und abtropfen lassen.
2. Die Frühlingszwiebel putzen, waschen und fein hacken.
3. In einer Schüssel die Eier und die Gemüsebrühe mit dem Schneebesen verquirlen.
4. In einer zweiten Schüssel Mehl und Backpulver vermischen. Die Mehlmischung dann mit der Eiermasse verrühren. Mais, Frühlingszwiebel und Petersilie unterheben.
5. Öl in einer beschichteten Pfanne erhitzen. Mit einem Esslöffel Teig in die Pfanne geben, etwas flach streichen und die Puffer bei mittlerer Hitze langsam von beiden Seiten goldbraun braten.

Lachs-Frittata

In 30 Minuten steht die leckere Lachs-Frittata auf dem Tisch. Wer keinen Fisch mag, kann den Lachs auch durch gekochten Schinken ersetzen.

Zutaten für 4 Portionen

70 g frischer Spinat
1 Knoblauchzehe
100 g Cocktailtomaten
200 g geräucherter Lachs
1 Stängel Dill

Aus dem Vorratsschrank:

1 Zwiebel
1 EL Olivenöl
Salz
Pfeffer
8 Eier
100 ml fettarme Milch

1. Backofen auf 150 °C Umluft vorheizen. Spinat verlesen, waschen und abtropfen lassen. Zwiebel und Knoblauch schälen und fein hacken. Tomaten waschen und Lachs in kleine Stücke schneiden.
2. Olivenöl in einer ofenfesten Pfanne erhitzen. Zwiebeln und Knoblauch darin 2 Minuten andünsten. Spinat, Tomaten und Lachs zugeben und 2 Minuten mitbraten, mit Salz und Pfeffer würzen.
3. Eier und Milch mit dem Schneebesen verquirlen. Dill waschen, trocken schütteln und hacken. Die Hälfte unter die Eiermischung heben. Teig mit Salz und Pfeffer würzen und in die Pfanne gießen. 3 Minuten stocken lassen.
4. Dann Pfanne in den Backofen stellen und Frittata 20 Minuten weiterbacken. Vor dem Servieren mit dem restlichen Dill bestreuen.

STAUB
STAUB

Mediterraner Gnocchi-Salat

Der Salat lässt sich wunderbar einen Tag vorher zubereiten. Einfach Rucola und Basilikum kurz vor dem Servieren unterheben. Alle anderen Zutaten können im Kühlschrank durchziehen. Ich verwende anstelle der roten Cocktailtomaten gern bunte Snacktomaten.

Zutaten für 4 Portionen

2 Knoblauchzehen
800 g Gnocchi
½ Bund Basilikum
250 g Cocktail- oder Snacktomaten
190 g rotes Pesto
50 g schwarze, entsteinte Oliven
100 g Rucola
50 g Parmesan

Aus dem Vorratsschrank:

1 Zwiebel
4 EL Olivenöl
3 EL Weißweinessig

1. Zwiebel schälen und klein würfeln. Knoblauch schälen und fein hacken.
2. Olivenöl in einer großen Pfanne erhitzen und die Gnocchi darin ca. 8 Minuten goldbraun braten, dabei mehrmals wenden. Nach 6 Minuten Zwiebel und Knoblauch zugeben und mitbraten. Alles in eine große Schüssel füllen und abkühlen lassen.
3. Basilikum waschen, trocken schütteln und Blätter abzupfen. Tomaten waschen und halbieren. Das rote Pesto in einer Schüssel mit dem Weißweinessig verrühren. Oliven halbieren.
4. Pestosauce mit den Gnocchi, Tomaten und Olivenhälften vermengen. Rucola verlesen, waschen und trocken schütteln, mit dem Basilikum unterheben. Vor dem Servieren Parmesan hobeln und über den Salat streuen.

Kohlrouladen

Kohlrouladen gehören zu meinen Kindheitserinnerungen. Die gab es immer samstags, sobald die Kohlzeit angebrochen war. Zu den Kohlrouladen braucht es nicht unbedingt eine Beilage. Ansonsten empfehle ich Kartoffelpüree.

Zutaten für 2 Portionen

4 Weißkohlblätter
1 altbackenes Brötchen
400 g gemischtes Hackfleisch
300 ml Fleischbrühe

Aus dem Vorratsschrank:

½ Zwiebel
1 Ei
2 TL Senf
Salz
Pfeffer

1. Weißkohlblätter putzen und waschen. Dann in einem Topf mit kochendem Salzwasser 5 Minuten blanchieren. Herausheben, unter kaltem Wasser abschrecken und abtropfen lassen.
2. In der Zwischenzeit das Brötchen halbieren und in einer Schüssel mit Wasser einweichen. Die Zwiebel schälen und hacken.
3. Backofen auf 180 °C Umluft vorheizen.
4. Hackfleisch in einer Schüssel mit Ei, Zwiebel, Senf, Salz und Pfeffer verkneten. Das Brötchen ausdrücken, klein zupfen und unter die Hackfleischmasse kneten.
5. Jedes Weißkohlblatt mit etwas Hackfleischfüllung belegen und fest einrollen.
6. Rouladen in eine Auflaufform legen und mit der Fleischbrühe übergießen. Im Backofen 50 Minuten garen.

STAUB
STAUB

Geschnetzeltes mit Rucola-Stampf

Der würzige, scharfe Rucola mit dem leicht nussigen Geschmack macht aus einem einfachen Kartoffelstampf aus dem Beutel einen echten Leckerbissen.

Zutaten für 4 Portionen

800 g Hähnchenbrustfilet
1 TL edelsüßes Paprikapulver
300 g Schlagsahne
100 g Rucola
1 Beutel Kartoffelpüree

Aus dem Vorratsschrank:

2 Zwiebeln
2 EL Sonnenblumenöl
Salz
Pfeffer
2 TL Tomatenmark

1. Zwiebeln schälen und in Ringe schneiden. Fleisch waschen, mit Küchenpapier abtupfen und in Streifen schneiden.
2. Das Öl in einer Pfanne erhitzen und das Fleisch darin scharf anbraten. Dann mit Salz, Pfeffer und Paprikapulver würzen. Herausnehmen und zur Seite stellen.
3. Zwiebelringe in der gleichen Pfanne anbraten. Fleisch zugeben und Tomatenmark unterrühren. Mit Sahne aufgießen und alles zugedeckt 15 Minuten köcheln lassen.
4. In der Zwischenzeit Rucola waschen, trocken schütteln und grob zerschneiden.
5. Das Kartoffelpüree nach Packungsanweisung zubereiten. Rucola unter den fertigen Kartoffelstampf mengen und mit dem Geschnetzelten servieren.

Knusperschnitzel mit Kartoffelsalat

Wenn Schnitzel, dann mit einer knusprigen Cornflakes-Panade. Muss es mal richtig schnell gehen, dann darf man auch zu einem fertigen Kartoffelsalat greifen und diesen etwas aufpimpen.

Zutaten für 4 Personen

1 Knoblauchzehe
100 g Cornflakes
½ TL getrockneter Thymian
½ TL edelsüßes Paprikapulver
4 Schweine-Schinkenschnitzel
1 Römersalat
1 Stange Staudensellerie
1 Packung Kartoffelsalat

Aus dem Vorratsschrank:

1 Ei
2 EL fettarme Milch
5 EL Mehl
Salz
Pfeffer
4 EL Sonnenblumenöl

1. Knoblauch schälen und fein würfeln. Cornflakes zerbröseln und in einem tiefen Teller mit Thymian, Paprika und Knoblauch vermengen.
2. Ei und Milch in einem zweiten tiefen Teller mit dem Schneebesen verquirlen. Mehl in einen weiteren tiefen Teller füllen.
3. Die Schweineschnitzel waschen, mit Küchenpapier trocken tupfen und mit Salz und Pfeffer würzen. Dann zuerst in Mehl, danach im verquirlten Ei und schließlich in den zerbröselten Cornflakes wenden.
4. Öl in einer Pfanne erhitzen und die Schnitzel darin von jeder Seite knusprig braten.

5. Währenddessen den Römersalat putzen, waschen und in Streifen schneiden. Den Sellerie putzen, waschen und in Ringe schneiden.
6. Romersalat und Sellerie unter den fertigen Kartoffelsalat heben und zu den knusprigen Schnitzeln servieren.

Buntes Gemüse in Senfsauce

Eier in Senfsauce kennt jeder. Aber das geht auch anders: Hier bekommt das Kaisergemüse die Senfsauce verpasst.

Zutaten für 4 Portionen

250 g Parboiled Reis
400 g TK-Kaisergemüse
100 g Schlagsahne
3 EL scharfer Senf
½ Bund Schnittlauch

Aus dem Vorratsschrank:

8 Eier
50 g Butter
1 EL Mehl
200 ml fettarme Milch
Salz
Pfeffer

1. Eier in einem Topf mit Wasser hart kochen. Die Eier dann abgießen, mit kaltem Wasser abschrecken und abkühlen lassen. Eier schälen und halbieren.
2. Reis nach Packungsanweisung gar kochen und Kaisergemüse nach Packungsanweisung zubereiten.
3. Derweil in einem Topf die Butter schmelzen und das Mehl unter Rühren darin anschwitzen. Milch und Sahne unter Rühren dazugeben, aufkochen lassen und Sauce 5 Minuten köcheln lassen. Senf unterrühren und Sauce mit Salz und Pfeffer abschmecken.
4. Den Schnittlauch waschen, trocken schütteln und in feine Ringe schneiden.
5. Reis und Gemüse separat abgießen und abtropfen lassen. Die Senfsauce mit dem Gemüse vermischen. Reis zusammen mit dem Gemüse und den halbierten Eiern anrichten. Vor dem Servieren mit Schnittlauch bestreuen.

Chicken-Nugget-Auflauf

Ein Auflauf, der sicher nicht nur den Kindern schmecken wird. Mein Tipp: Wenn den Nuggets ein Curry-Dip beiliegt, kann man ihn mit in die Pastasauce rühren.

Zutaten für 2 Portionen

300 g Chicken Nuggets
1 rote Zwiebel
350 g Pastasauce Toscana
1 Dose Gemüsemais (285 g Abtropfgewicht)
100 g geriebener Gratinkäse
4 Zweige glatte Petersilie

Aus dem Vorratsschrank:

100 ml Sonnenblumenöl
100 ml Wasser

1. Backofen auf 200 °C Umluft vorheizen.
2. Öl in einer Pfanne erhitzen und die Nuggets darin von beiden Seiten goldbraun braten.
3. Nuggets aus der Pfanne heben und zur Seite stellen.
4. Zwiebel schälen, halbieren und in Streifen schneiden. Zwiebelstreifen in die Pfanne geben und 2 Minuten andünsten.
5. Pastasauce mit Wasser dazugießen und kurz köcheln lassen.
6. Mais in einem Sieb abtropfen lassen. Nuggets und Mais in eine Auflaufform geben. Die Pastasauce darübergießen und den Gratinkäse daraufstreuen.
7. Auflauf im Ofen 15 Minuten backen.
8. Petersilie waschen, trocken schütteln und grob zerhacken. Vor dem Servieren Petersilie über den Auflauf streuen.

STAUB
STAUB

Warmer Bratkartoffelsalat mit Rostbratwürstchen

Gaumenschmaus – mehr kann ich dazu nicht sagen. Die Kombination von Salat, Kartoffeln und Fenchel mag ungewöhnlich sein, aber überzeugend!

Zutaten für 4 Portionen

1 Römersalat
1 Fenchelknolle
8 kleine Rostbratwürstchen
1 Packung Bratkartoffeln mit Speck und Zwiebeln (400 g)
1 TL Honig

Aus dem Vorratsschrank:

Salz
6 EL Sonnenblumenöl
4 EL Weißweinessig
3 EL Wasser
Pfeffer

1. Den Römersalat putzen, waschen und in Streifen schneiden.
2. Den Fenchel putzen, waschen und in dünne Scheiben hobeln. Die Fenchelscheiben in eine Schüssel geben, salzen und mit den Händen kurz verkneten.
3. 1 EL Öl in einer Pfanne erhitzen und die Bratwürste darin von allen Seiten braten.
4. Die Bratkartoffeln nach Packungsanweisung zubereiten.
5. Essig, Wasser, das restliche Öl, Honig, Salz und Pfeffer in einer Schüssel zu einer Vinaigrette verrühren.
6. Bratkartoffeln, Fenchel und Salat vermengen und auf Teller verteilen. Mit der Vinaigrette beträufeln. Die Würstchen auf den Salat legen.

Schnelle One-Pot-Hack-Pasta

One-Pot-Pasta-Gerichte sind unglaublich praktisch, denn sie sind schnell zubereitet und man benötigt nur einen Topf. Weniger Abwasch – mehr Zeit zum Genießen.

Zutaten für 4 Portionen

1 Bund Frühlingszwiebeln
400 g gemischtes Hackfleisch
250 g Nudeln
200 g Kräuter-Frischkäse

Aus dem Vorratsschrank:

2 EL Sonnenblumenöl
Salz
Pfeffer
5 EL Tomatenmark
900 ml Gemüsebrühe

1. Die Frühlingszwiebeln putzen, waschen, trocken schütteln und in Ringe schneiden. Dabei das Weiße und das Grüne möglichst trennen.
2. Öl in einem großen Topf erhitzen, das Hackfleisch zufügen und anbraten.
3. Das Weiße der Frühlingszwiebeln sowie die Hälfte des Grün in den Topf geben und mitbraten. Mit Salz und Pfeffer würzen. Tomatenmark zufügen und 2 Minuten mit anschwitzen.
4. Nudeln und Frischkäse unterrühren und mit Gemüsebrühe aufgießen. Aufkochen lassen und ca. 12 Minuten garen, bis die Pasta al dente ist, dabei mehrmals umrühren.
5. Die fertige Pasta mit der restlichen Frühlingszwiebel bestreuen und servieren.

STAUB
STAUB

Ravioli-Auflauf

Heute wird keine Dose Ravioli geöffnet, sondern mit frischen Ravioli gekocht!

Zutaten für 4 Portionen

1 Knoblauchzehe
400 g stückige Tomaten (aus der Dose)
125 g Mozzarella
500 g frische Ravioli
100 g geriebener Gratinkäse

Aus dem Vorratsschrank:

1 Zwiebel
2 EL Sonnenblumenöl
1 TL Gemüsebrühepulver
2 EL Weißweinessig
Salz
Pfeffer
Fett für die Form

1. Backofen auf 180 °C Umluft vorheizen.
2. Zwiebel und Knoblauch schälen und fein würfeln. Sonnenblumenöl in einem Topf erhitzen und Zwiebeln und Knoblauch darin andünsten. Tomaten zugeben und aufkochen lassen. Das Brühepulver unterrühren. Mit Essig, Salz und Pfeffer würzen.
3. Mozzarella abtropfen lassen und in Scheiben schneiden.
4. Eine Auflaufform (ca. 18 × 25 cm) einfetten.
5. Abwechselnd Sauce, Ravioli und Mozzarella einschichten. Mit Sauce abschließen und Gratinkäse darauf verteilen.
6. Auflauf im Backofen in 20 Minuten goldbraun backen.

STAUB
STAUB

Käsespätzle mit Röstzwiebeln

Mit der Spätzle-Pfanne holen wir das Hüttengaudi-Feeling direkt auf den Tisch.

Zutaten für 4 Portionen

400 g frische Spätzle
2 EL Margarine
1 TL edelsüßes Paprikapulver
350 g Emmentaler Käse
3 Zweige Petersilie

Aus dem Vorratsschrank:

4 Zwiebeln
Salz
Pfeffer

1. Spätzle nach Packungsanweisung zubereiten.
2. Die Zwiebeln schälen und in Ringe schneiden.
3. Die Margarine in einer Pfanne erhitzen und die Zwiebelringe darin goldbraun braten, dann mit Salz, Pfeffer und Paprikapulver würzen.
4. Den Backofen auf 150 °C Umluft vorheizen.
5. Spätzle in ein Sieb abgießen und den Käse reiben. Die Hälfte der Spätzle in eine ofenfeste Pfanne geben und die Hälfte vom Käse darauf verteilen. Die restlichen Spätzle daraufgeben und mit dem restlichen Käse abschließen. Zwiebelringe obenauf verteilen und die Spätzlepfanne im Backofen 8 Minuten erwärmen.
6. Petersilie waschen, trocken schütteln und hacken.
7. Käsespätzle aus dem Ofen nehmen und bestreut mit gehackter Petersilie servieren.

STAUB
STAUB

Bratwurst mit Gurkenrahm

Aus irgendeinem Grund habe ich immer Gurken übrig. Jetzt habe ich aber eine tolle Verwendung dafür gefunden. Eine Art Gurken-Gemüse – eine leckere Beilage zu Fleisch.

Zutaten für 4 Portionen

2 Salatgurken
2 TL mittelscharfer Senf
1 EL Honig
8 gebrühte Bratwürste

Aus dem Vorratsschrank:

2 EL Sonnenblumenöl
1 Zwiebel
1 EL Mehl
400 ml Gemüsebrühe

1. Die Gurken waschen, putzen, der Länge nach halbieren, entkernen und in grobe Stücke schneiden.
2. Sonnenblumenöl in einer Pfanne erhitzen und die Gurkenstücke darin anbraten.
3. Die Zwiebel schälen, sehr fein hacken und zu den Gurken geben.
4. Alles mit Mehl bestäuben, unter Rühren anschwitzen und dann mit der Gemüsebrühe ablöschen. Aufkochen lassen und Senf und Honig unterrühren. 5 Minuten köcheln lassen.
5. In der Zwischenzeit die Bratwürste in einer Pfanne ohne Fett von allen Seiten anbraten.
6. Bratwürste auf Gurkenrahm anrichten und servieren.

Pizza-Pommes

Pommes oder Pizza? Was für eine Frage! Natürlich beides! Manchmal darf es auch mal »over the top« sein. Und manchmal dürfen die Pommes auch zur Pizza werden.

Zutaten für 4 Portionen

10 Cocktailtomaten
250 g Mini-Salami-Snack
125 g Mini-Mozzarella
750 g TK-Pommes
100 g Pastasauce Toscana (oder Ketchup)

Aus dem Vorratsschrank:

Salz
1 l Sonnenblumenöl

1. Tomaten waschen und halbieren. Mini-Salami in Scheiben schneiden und die Mini-Mozzarellakugeln abtropfen lassen.
2. Backofen auf 180 °C Umluft vorheizen.
3. Sonnenblumenöl in die Fritteuse füllen und auf 175 °C erhitzen. Pommes darin 5 Minuten goldbraun frittieren und auf einem Küchenpapier abtropfen lassen.
4. Pommes mit Salz würzen und in eine Auflaufform legen. Salami, Tomaten und Mozzarella darüber verteilen und Auflauf im Ofen 10–15 Minuten überbacken. Mit Pastasauce oder Ketchup servieren.

STAUB
STAUB

Fischstäbchen-Zucchini-Auflauf

Die schwierige Frage für viele Eltern: Wie mogelt man etwas Gemüse ins Essen? In einem Auflauf mit Fischstäbchen natürlich.

Zutaten für 4 Portionen

1 Zucchini
12 tiefgefrorene Fischstäbchen
1 Beutel Kartoffelpüree
50 g geriebener Gratinkäse

Aus dem Vorratsschrank:

3 EL Sonnenblumenöl
20 g Butter
15 g Mehl
250 ml fettarme Milch
Salz
Pfeffer

1. Zucchini putzen, waschen und in Scheiben schneiden. 1 EL Sonnenblumenöl in einer Pfanne erhitzen und die Zucchinischeiben darin von beiden Seiten anbraten. Dann aus der Pfanne nehmen und zur Seite stellen.
2. Das restliche Öl in der Pfanne erhitzen und die Fischstäbchen unter Wenden ca. 10 Minuten braten.
3. Backofen auf 160 °C Umluft vorheizen.
4. In der Zwischenzeit das Kartoffelpüree nach Packungsanweisung zubereiten.
5. Butter bei schwacher Hitze in einem Topf zerlassen, das Mehl hinzugeben und unter Rühren anschwitzen. Die kalte Milch zugießen und unter Rühren aufkochen lassen. Sauce mit Salz und Pfeffer würzen.
6. Kartoffelpüree auf den Boden einer Auflauf- oder Tarteform geben und mit der Sauce begießen. Fischstäbchen und Zucchini darauflegen, mit Käse bestreuen und Auflauf 10 Minuten im Backofen überbacken.

STAUB
STAUB

Winter-Pizza

Eine Pizza mal ohne Mozzarella, Salami und Co. – perfekt auch für Vegetarier geeignet. Der Kreativität sind dabei keine Grenzen gesetzt. Ich finde lila Süßkartoffeln und violetten Blumenkohl ideal. Alternativ schmecken auch Pastinaken, Möhren und jedes andere Wurzelgemüse wunderbar.

Zutaten für 4 Portionen

1 Pizza-Kit (Pizzateig und Tomatensoße)
1 TL Meerretich
150 g Schmand
1 lila Süßkartoffel
2 Frühlingszwiebeln
1 kleiner violetter Blumenkohl
1 Kohlrabi
120 g Ziegenfrischkäserolle
50 g Walnusskerne
50 g Rucola

Aus dem Vorratsschrank:

Salz
Pfeffer
5 EL Olivenöl

1. Backofen auf 200 °C Umluft vorheizen und den Pizzateig mit Backpapier auf ein Backblech legen.
2. Die im Pizza-Kit enthaltene Tomatensauce in einer Schüssel mit dem Meerrettich und dem Schmand verrühren und mit Salz und Pfeffer abschmecken. Schmandcreme auf dem Teig verteilen.
3. Süßkartoffel schälen, Gemüse putzen, waschen und klein schneiden. Auf dem Pizzaboden verteilen und mit Olivenöl beträufeln.

4. Frischkäse in Scheiben schneiden und die Pizza damit belegen. Pizza im Ofen 15–20 Minuten backen. Walnusskerne grob hacken und 5 Minuten vor Ende der Backzeit auf die Pizza streuen.

5. Rucola verlesen, waschen und trocken schütteln. Die fertige Pizza vor dem Servieren mit Rucola belegen.

Bratwurst mit Mangosauce

Für mich die beste Currysauce der Welt. Scharf, süß und fruchtig zugleich. Und wirklich schnell gemacht. Mit ein paar Ofen-Pommes zur Currywurst werden auch alle richtig satt.

Zutaten für 4 Personen

3 rote Zwiebeln
1 TL Curry und etwas zum Bestreuen
400 g stückige Tomaten (aus der Dose)
4 gebrühte Bratwürste
1 Mango
½ Bund Petersilie

Aus dem Vorratsschrank:

50 g Zucker
150 ml Weißweinessig
Salz
Pfeffer
2 EL Sonnenblumenöl

1. Zwiebeln schälen, würfeln und mit dem Zucker in einen Topf geben und karamellisieren. Essig, 1 TL Currypulver, ½ TL Salz und die stückigen Tomaten mit in den Topf geben und 30 Minuten einköcheln lassen. Mit Salz und Pfeffer würzen.
2. Die Bratwürste mehrmals einschneiden. Öl in einer Pfanne erhitzen und die Würste unter Wenden 10 Minuten braten.
3. Mango schälen, das Fruchtfleisch vom Stein schneiden und würfeln. Unter die Sauce rühren.
4. Petersilie waschen, trocken schütteln und grob hacken. Bratwürste mit Sauce servieren und mit Currypulver und Petersilie bestreuen.

Blumenkohltorte

Mit Käse schmeckt einfach alles besser. Auch ein Blumenkohl, der zu einer leckeren Torte verarbeitet wird.

Zutaten für 1 Springform (Ø 26 cm)

1 kleiner Blumenkohl (ca. 650 g)
2 Knoblauchzehen
1 rote Paprikaschote
1 grüne Paprikaschote
½ Bund Petersilie
150 g Bergkäse

Aus dem Vorratsschrank:

1 Zwiebel
3 EL Sonnenblumenöl
Salz
Pfeffer
6 Eier
100 g Mehl

1. Den Blumenkohl putzen, waschen und in feine Röschen schneiden. In einem Topf mit kochendem Salzwasser 5 Minuten blanchieren, dann abgießen, abtropfen lassen und zur Seite stellen.
2. Zwiebeln und Knoblauch schälen und fein hacken. Paprikaschoten waschen, putzen und in feine Würfel schneiden.
3. Sonnenblumenöl in einer Pfanne erhitzen und Paprika, Zwiebeln und Knoblauch darin andünsten. Mit Salz und Pfeffer würzen.
4. Backofen auf 170 °C Umluft vorheizen und die Springform einfetten.
5. Petersilie waschen, trocken schütteln und fein hacken. Den Bergkäse reiben.
6. Die Eier in einer großen Schüssel mit dem Schneebesen verquirlen. Mehl, Käse und Petersilie unterrühren. Blumenkohl und Paprikamischung zugeben. Alles gut verrühren, in die Springform füllen und 35 Minuten im Ofen backen, bis die Eiermasse gestockt ist. Noch warm servieren.

Pasta alla Siciliana

In Sizilien serviert man Spaghetti mit einer Mischung aus Oliven, Tomaten und Auberginen. Ganz einfach und lecker.

Zutaten für 4 Personen

400 g Spaghetti
1 Aubergine
400 g Kirschtomaten
2 Knoblauchzehen
80 g grüne, entsteinte Oliven
50 g Parmesan
½ Bund Basilikum
50 g Pinienkerne

Aus dem Vorratsschrank:

Salz
11 EL Olivenöl
schwarzer Pfeffer

1. Die Spaghetti laut Packungsangabe al dente kochen, in ein Sieb abgießen und dabei das Kochwasser auffangen.
2. Aubergine waschen, putzen, würfeln, einsalzen und 15 Minuten ziehen lassen. Dann abspülen und mit Küchenpapier trocken tupfen. 5 EL Olivenöl in einer Pfanne erhitzen und die Auberginenwürfel darin von beiden Seiten anbraten. Zur Seite stellen.
3. Tomaten waschen und halbieren. Knoblauch schälen und fein hacken.
4. 6 EL Olivenöl in der Pfanne erhitzen. Tomaten, Oliven und Knoblauch hineingeben und 8 Minuten unter Rühren garen. Auberginenwürfel zufügen. 100 ml Nudelwasser dazugeben und alles kurz einköcheln lassen.
5. Parmesan reiben. Spaghetti zusammen mit der Hälfte des Parmesans in die Pfanne geben und alles gut vermengen.

6. Basilikum waschen, trocken schütteln und die Blätter abzupfen. Spaghetti auf Teller verteilen, mit dem restlichen Parmesan, Pinienkerne und mit Basilikumblättern bestreuen.

Lauchauflauf

Ein Lauchauflauf? Auf jeden Fall! Einmal probiert, für immer begeistert.

Zutaten für 4 Personen

2 Stangen Lauch (je ca. 700 g)
200 g Gouda
4 Scheiben Kochschinken

Aus dem Vorratsschrank:

2 EL Butter
2 EL Mehl
600 ml fettarme Milch
Salz
Pfeffer

1. Den Lauch putzen, gründlich waschen, halbieren und 15 Minuten in einem Topf mit kochendem Salzwasser garen.
2. Butter in einem Topf schmelzen, das Mehl darin unter Rühren anschwitzen. Die Milch angießen und unter Rühren aufkochen. Sauce mit Salz und Pfeffer würzen.
3. Den Gouda reiben und die Hälfte in die Sauce rühren.
4. Backofen auf 180 °C Umluft vorheizen.
5. Den Lauch abgießen und jedes Stück mit 1 Scheibe Schinken umwickeln. Käsesauce in eine Auflauf- oder Tarteform gießen, Lauch hineinsetzen und mit dem restlichen Käse bestreuen. Auflauf im Ofen in 20 Minuten goldbraun backen.

STAUB
STAUB

Arme-Ritter-Pfanne

Hier wird der arme Ritter zu einem fürstlichen König.

Zutaten für 4 Portionen

200 g TK-Erbsen
250 g Sandwich-Toastscheiben
1 Knoblauchzehe
100 g Bacon in Scheiben

Aus dem Vorratsschrank:

1 Zwiebel
2 Eier
100 ml fettarme Milch
Meersalz
Pfeffer
2 EL Sonnenblumenöl

1. Die Erbsen in ein Sieb geben und antauen lassen.
2. Toastscheiben in ca. 4 cm große Würfel schneiden.
3. Zwiebel und Knoblauch schälen. Zwiebel in Würfel schneiden und Knoblauch fein hacken. Eier und Milch in einer Schüssel mit dem Schneebesen verquirlen und mit Salz und Pfeffer würzen. Die Toastwürfel in die Milchmischung legen und kurz ziehen lassen.
4. In der Zwischenzeit Öl in einer Pfanne erhitzen und den Speck darin knusprig braten. Herausnehmen und auf einem Küchenpapier abtropfen lassen.
5. Brotwürfel in dem heißen Fett von beiden Seiten goldbraun braten, Zwiebel, Knoblauch und Erbsen zufügen und unter Wenden 5 Minuten mitbraten.
6. Den Speck grob hacken und vor dem Servieren über die Brot-Erbsen-Pfanne streuen.

Warmer marokkanischer Möhrensalat

Dieser Salat ist wirklich schnell gemacht und bringt ein großartiges Aroma. Ich mache ihn gern mit etwas Knoblauchöl an, sodass ich mir den Arbeitsschritt mit dem Knoblauchhacken sparen kann.

Zutaten für 2 Personen

4 Möhren
4 Knoblauchzehen
1 Zweig glatte Petersilie

Aus dem Vorratsschrank:

Pfeffer
1 TL Weißweinessig
2 TL Olivenöl

1. Die Möhren putzen, schälen, in Stücke schneiden und in einem Topf mit kochendem Salzwasser 15 Minuten garen. In einem Sieb abtropfen lassen und in eine Schüssel füllen.
2. Den Knoblauch schälen und fein hacken. Petersilie waschen, trocken schütteln und grob hacken.
3. Alle Zutaten vermengen, in einen Topf geben und kurz erwärmen. Sofort servieren.

Garnelen-Feta-Pfanne

Für die Meeresfrüchte-Liebhaber habe ich natürlich auch noch ein Easy-peasy-Rezept ausgesucht.

Zutaten für 4 Portionen

200 g Parboiled Reis
500 g Brokkoli
400 g TK-Riesengarnelen
150 g Feta

Aus dem Vorratsschrank:

2 EL Sonnenblumenöl
Salz
Pfeffer

1. Reis nach Packungsanweisung zubereiten.
2. Den Brokkoli putzen, waschen und in Röschen teilen. In einem Topf mit kochendem Salzwasser 5 Minuten blanchieren.
3. Öl in einer Pfanne erhitzen und die tiefgefrorenen Garnelen darin unter Wenden 8–10 Minuten braten. Mit Salz und Pfeffer würzen.
4. Den Feta zerbröseln.
5. Brokkoli in ein Sieb abgießen, unter kaltem Wasser abschrecken und abtropfen lassen. Den Reis in ein Sieb abgießen und abtropfen lassen.
6. Brokkoliröschen zu den Garnelen geben und kurz mitbraten. Die Garnelen-Brokkoli-Pfanne vor dem Servieren mit Fetakäse bestreuen. Dazu den Reis servieren.

Lauch-Hackfleisch-One-Pot-Pasta

Das ist unser Lieblingsessen im Winter. Wenn es draußen kalt ist, darf es auch mal eine Portion Schmelzkäse mehr sein.

Zutaten für 4 Portionen

500 g gemischtes Hackfleisch
4 Stangen Lauch
250 g Schlagsahne
500 g Nudeln
400 g Schmelzkäse

Aus dem Vorratsschrank:

4 TL Sonnenblumenöl
1 TL Salz
Pfeffer
800 ml Wasser
2 gestrichene TL Gemüsebrühepulver

1. Sonnenblumenöl in einem großen Topf erhitzen und das Hackfleisch darin anbraten. Mit Salz und Pfeffer würzen.
2. Lauch putzen, gründlich waschen und in Scheiben schneiden. Zum Hackfleisch geben und 5 Minuten mitbraten. Dann Sahne, Wasser und Gemüsebrühepulver zugeben und 10 Minuten köcheln lassen.
3. Die Nudeln hinzufügen, gut umrühren und laut Packungsanweisung al dente kochen, dabei immer wieder umrühren.
4. 5 Minuten vor Ende der Kochzeit den Schmelzkäse einrühren und schmelzen lassen. Zügig servieren.

STAUB
STAUB

Spaghetti in Parmesancreme

Als bekennender Käse- und Nudel-Junkie liebe ich natürlich diese wirklich einfache Kombination aus Nudeln, Parmesan und ein paar Kräutern und Gewürzen. Lecker muss echt nicht kompliziert sein.

Zutaten für 4 Portionen

300 g Parmesan
½ Bund Salbei
400 g Spaghetti

Aus dem Vorratsschrank:

500 ml fettarme Milch
50 g Butter
Salz
Pfeffer

1. Den Parmesan hobeln und die Milch in einem Topf erhitzen.
2. Butter in einem Topf schmelzen und die heiße Milch langsam einrühren. Topf vom Herd nehmen und 250 g Parmesan unterrühren, bis er geschmolzen ist.
3. Den Salbei waschen, trocken schütteln und in Streifen schneiden.
4. Die Nudeln nach Packungsanweisung al dente kochen, in einem Sieb abtropfen lassen und mit der Parmesancreme vermengen. Mit Salz und Pfeffer würzen. Vor dem Servieren mit Salbei und dem restlichen Parmesan bestreuen.

Gemüsesuppe mit Bratwurstbällchen

Suppen sind nicht jedermanns Sache. Eine gute Option: genügend Bratwurstbällchen dazugeben, schon schmeckt es allen.

Zutaten für 4 Portionen

1 Bund Suppengrün

400 g stückige Tomaten (aus der Dose)

3 ungebrühte Bratwürste (à ca. 125 g)

1 Bund Schnittlauch

Aus dem Vorratsschrank:

1 Zwiebel

3 EL Sonnenblumenöl

Salz

Pfeffer

400 ml Wasser

1. Die Zwiebel schälen und würfeln.
2. Das Suppengrün waschen, gegebenenfalls schälen und klein schneiden.
3. 2 EL Öl in einem Topf erhitzen und das Gemüse und die Zwiebel darin 2 Minuten andünsten. Mit Salz und Pfeffer würzen.
4. Die stückigen Tomaten zufügen und unterrühren. Das Wasser angießen und die Suppe 15 Minuten köcheln lassen.
5. Aus den Bratwürsten das Wurstbrät herausdrücken und kleine Bällchen daraus formen. Das restliche Öl in einer Pfanne erhitzen und die Bällchen darin rundum goldbraun braten.
6. Den Schnittlauch waschen, trocken schütteln und in Röllchen schneiden.
7. Die Suppe mit Bratwurstbällchen und Schnittlauch servieren.

Zucchini-Blätterteigtarte

Wenn sich Gäste kurzfristig angemeldet haben, ist diese Tarte genau das Richtige. Ich habe für den »Notfall« immer eine Rolle frischen Blätterteig im Kühlschrank. Mit nur wenigen Zutaten kann man daraus schnell etwas Tolles zaubern.

Zutaten für 6 Personen

1 Packung Blätterteig aus dem Kühlregal
2 Zucchini
1 Bund Petersilie
1 Bund Schnittlauch
250 g Schmand
60 g Parmesan
100 g Hirtenkäse

Aus dem Vorratsschrank:

Fett für die Form
3 Eier
Salz
Pfeffer

1. Backofen auf 180 °C Umluft vorheizen und eine Tarteform (Ø 24 cm) etwas einfetten.
2. Den Blätterteig in die Tarteform legen und einen Rand formen.
3. Die Zucchini putzen, waschen und mit einem Sparschäler in Streifen schneiden.
4. Petersilie und Schnittlauch waschen, trocken schütteln und hacken.
5. Schmand, Eier, Petersilie und Schnittlauch in einer Schüssel mit dem Schneebesen verrühren. Mit Salz und Pfeffer würzen.
6. Den Parmesan reiben und unter die Creme rühren. Die Schmandcreme auf dem Teig verteilen. Die Zucchinistreifen aufrollen und in die Tarte hineinstellen.
7. Den Hirtenkäse zerbröseln und über die Röllchen streuen. Tarte im Ofen 40 Minuten backen, dann herausnehmen, 10 Minuten ruhen lassen und servieren.

STAUB
STAUB

Kabanossi-Lauch-Suppe

Wenn es kalt wird, ist die ideale Suppenzeit, denn ein Teller heiße Suppe wärmt wunderbar von innen.

Zutaten für 4 Portionen

1 Stange Lauch (Lauch)
200 g Kartoffeln
200 g Schlagsahne
120 g Kabanossi
1 Apfel

Aus dem Vorratsschrank:

1 Zwiebel
3 EL Sonnenblumenöl
800 ml Gemüsebrühe
Meersalz
Pfeffer

1. Den Lauch putzen, gründlich waschen und in Ringe schneiden. Die Kartoffeln schälen, waschen und in Würfel schneiden. Die Zwiebel schälen und würfeln.
2. 2 EL Öl in einem Topf erhitzen und Zwiebel, Kartoffel und Lauch darin andünsten.
3. Mit 170 g Sahne und Gemüsebrühe aufgießen. Suppe aufkochen lassen und 20 Minuten köcheln lassen.
4. Die Kabanossi würfeln, den Apfel waschen, entkernen und in Würfel schneiden. Das restliche Öl in einer Pfanne erhitzen und Kabanossi und Apfel darin andünsten. Mit Salz und Pfeffer würzen.
5. Die Suppe vom Herd nehmen und mit dem Stabmixer pürieren.
6. Die restliche Sahne in einer Schüssel mit dem Handrührgerät steif schlagen.
7. Suppe auf Teller verteilen, geschlagene Sahne darauf verteilen und mit der Kabanossi-Mischung bestreuen.

Hähnchencurry

Das ist wohl das schnellste Curry der Welt. Anstelle der Dosentomaten können auch frische, gehackte Tomaten verwendet werden, und die Menge des Currypulvers variiert je nach Geschmack. Dazu schmeckt Reis sehr gut.

Zutaten für 4 Portionen

4 Hähnchenbrustfilets (ca. 800 g)
3 EL Currypulver
400 ml Kokosmilch (aus der Dose)
250 g stückige Tomaten (aus der Dose)
einige Blätter Koriander (optional)

Aus dem Vorratsschrank:

4 EL Olivenöl
Salz
Pfeffer

1. Hähnchenfleisch waschen, mit Küchenpapier trocken tupfen und in mundgerechte Stücke schneiden. Das Olivenöl in einem großen Topf erhitzen, das Hähnchenfleisch zugeben und von allen Seiten goldbraun braten.
2. Currypulver einrühren und 1 Minute anschwitzen.
3. Mit Kokosmilch aufgießen und die stückigen Tomaten unterrühren. Curry 20 Minuten bei niedriger Hitze garen, dabei ab und zu umrühren. Mit Salz und Pfeffer abschmecken
4. Wer möchte, kann das Curry vor dem Servieren noch mit Korianderblättern garnieren.

STAUB
STAUB

Rahmtaler

Meine Devise: Alles mit Schmand ist lecker. Natürlich schmeckt dieses Sonnenblumenbrot auch ohne alles richtig gut, aber mit Schinken, Käse und Schmand ist es etwas ganz Besonderes.

Zutaten für 7 Stück

½ Packung Backmischung für Sonnenblumenbrot
150 g gekochter Schinken
2 Frühlingszwiebeln
150 g Gouda
200 g Schmand
½ Bund Schnittlauch (optional)

Aus dem Vorratsschrank:

Salz
Pfeffer

1. Teig nach Packungsanweisung zubereiten. Nachdem der Teig 30 Minuten gegangen ist, nochmals durchkneten und in 7 Portionen aufteilen. Die Teiglinge zu Kugeln formen und auf einem mit Backpapier ausgelegten Backbleck zu Fladen flach drücken. Jeweils in der Mitte mit dem Handballen eine kleine Vertiefung eindrücken.
2. Den Schinken würfeln, die Frühlingszwiebeln putzen, waschen und in feine Ringe schneiden und den Gouda reiben.
3. Schmand in einer Schüssel mit Salz und Pfeffer verrühren.
4. Backofen auf 170 °C Umluft vorheizen.
5. Die Schmandcreme auf den Fladen verteilen. Frühlingszwiebeln, Schinken und geriebenen Käse darübergeben.
6. Fladen im Ofen 20 Minuten backen.
7. Schnittlauch waschen, trocken schütteln und in feine Ringe schneiden. Vor dem Servieren die Rahmtaler mit Schnittlauch bestreuen.

One-Pan-Tortellini

Mit diesem Gericht kann man alle beeindrucken. Die Tortellini werden in der Pfanne gegart und müssen nicht vorgekocht werden. Nur das Hähnchenbrustfilet sollte über Nacht in der Marinade liegen. Am nächsten Tag ist das Essen dann in zehn Minuten auf dem Teller.

Zutaten für 4 Portionen

3 Knoblauchzehen
1 Zitrone
1 Zweig Rosmarin
200 g Hähnchenbrustfilet
100 g Parmesan
4 EL Schmand
500 g Tortelloni
100 g Baby-Spinat

Aus dem Vorratsschrank:

100 ml Olivenöl
Salz
Pfeffer
120 ml Wasser

1. Den Knoblauch schälen und zerdrücken. Die Zitrone gut abwaschen und trocknen, die Schale abreiben und den Saft auspressen. Saft für den nächsten Tag im Kühlschrank aufbewahren.
2. Knoblauch, Zitronenschale, gewaschenen Rosmarin und Olivenöl in einer Schüssel verrühren und mit Salz und Pfeffer würzen.
3. Das Hähnchenbrustfilet waschen, mit Küchenpapier trocken tupfen und in mundgerechte Stücke schneiden. Fleisch in die Marinade legen und zugedeckt über Nacht ziehen lassen.
4. Am nächsten Tag die Hähnchenstücke zusammen mit der Marinade in eine große Pfanne geben und scharf anbraten. Den Zitronensaft einrühren und alles mit Salz und Pfeffer würzen. Die Hitze reduzieren und das Wasser zugießen.

5. Den Parmesan reiben. Schmand, Tortellini und ⅔ des Parmesans in die Pfanne geben und alles gut verrühren.
6. Den Blattspinat verlesen, waschen und trocken schütteln. Ebenfalls in die Pfanne geben und unterheben. Alles 3 Minuten garen, den Rosmarinzweig entfernen und den restlichen Parmesan vor dem Servieren darüberstreuen.

Desserts

Pfirsich-Wackelpudding

Wackelpudding ist bei uns sehr beliebt. Gerade im Sommer haben wir immer einen Vorrat davon im Kühlschrank. Bei der Zubereitung kann man ganz kreativ sein und nach Belieben seine Lieblingsfrüchte nutzen. Mit gewürfelten Früchten garniert, ist der Pudding ein richtig tolles Dessert.

Zutaten für 6 Portionen

1 Dose Pfirsiche (470 g Abtropfgewicht)
6 Blatt Gelatine

Aus dem Vorratsschrank:

3 EL Zucker

1. Pfirsiche in ein Sieb abgießen, dabei den Saft auffangen. Die Hälfte der Pfirsiche mit dem Zucker im Mixer pürieren, die restlichen Pfirsiche in Würfel schneiden. Pfirsichwürfel auf 6 Förmchen (à ca. 200 ml) verteilen.
2. Gelatine in einer Schüssel mit kaltem Wasser einweichen lassen.
3. Aufgefangenen Pfirsichsaft mit Wasser auf 700 ml auffüllen und zusammen mit dem Pfirsichpüree in einem Topf erhitzen (nicht kochen lassen).
4. Die Gelatine ausdrücken und in der Pfirsichmischung auflösen. Flüssigkeit in die Förmchen gießen und Pudding zum Festwerden über Nacht kalt stellen.

Himbeer-Vanille-Milchreis

Milchreis liebe ich in allen Variationen. Mein Geheimtipp ist dabei, ein halbes Päckchen Vanillepuddingpulver in den Milchreis zu rühren. Das gibt einen leckeren Vanillegeschmack.

Zutaten für 4 Portionen

200 g Milchreis
½ Päckchen Vanillepuddingpulver
500 g TK-Himbeeren

Aus dem Vorratsschrank:

200 g Zucker
1 Prise Salz
1 l fettarme Milch

1. 100 g Zucker mit Salz und 950 ml Milch in einem Topf vermengen und aufkochen lassen. Während des Aufkochens den Milchreis einrühren. Bei mittlerer Hitze unter Rühren 35 Minuten köcheln lassen.
2. Kurz vor Ende der Garzeit in einer Tasse die restliche Milch mit dem Vanillepuddingpulver verrühren und die Mischung in den Milchreis rühren.
3. Während der Milchreis gart, die TK-Himbeeren mit dem restlichen Zucker in einem Topf ca. 15 Minuten unter Rühren köcheln lassen.
4. Den fertigen Milchreis abwechselnd mit dem Himbeerpüree in Gläser schichten.

Cookie-Eistorte

Eistorten sind mir die liebsten Torten – kein Backen, kein Aufwand, aber unglaublich »cool«.

Zutaten für 1 Springform (Ø 20 cm)

1 Becher Crunchy-Almond-Eis
1 Becher Crunchy-Chocolate-Eis
225 g American Chocolate Cookies
200 g Schlagsahne
Sprühsahne zum Verzieren

Aus dem Vorratsschrank:

2 TL Zucker

1. Das Eis etwas antauen lassen.
2. 6 American Cookies zur Seite legen, die restlichen Kekse etwas zerbröseln, in die Springform geben und fest andrücken.
3. Die Sahne mit dem Zucker in eine Schüssel geben und mithilfe eines Handrührgeräts steif schlagen, das angetaute Crunchy-Chocolate-Eis unterrühren und die Hälfte der Eismasse auf dem Boden verteilen. 5 American Cookies auflegen und die restliche Eiscrememasse daraufstreichen. Torte 10 Minuten im Gefrierschank anfrieren lassen.
4. Das Crunchy-Almond-Eis in einer Schüssel kurz mit dem Handrührgerät aufschlagen, in die Springform geben und glatt streichen. Mindestens 2 Stunden einfrieren.
5. Vor dem Servieren mit Sprühsahne kleine Tuffs auf die Torte aufspritzen und den restlichen Cookie in die Mitte legen.

Crêpes mit Toffee-Äpfeln

Hat da jemand Crêpes und Toffee gesagt? Bei den zwei Worten springen garantiert alle in Richtung Küchentisch.

Zutaten für 8 Stück

3 Äpfel
3 TL Honig
6 TL Schlagsahne

Aus dem Vorratsschrank:

80 g Butter
50 g Zucker
100 g Mehl
1 Prise Salz
1 Ei
225 ml fettarme Milch
Sonnenblumenöl

1. Die Äpfel schälen, entkernen und in Spalten schneiden.
2. 25 g Butter in einer Pfanne schmelzen, die Apfelspalten zugeben und 6 Minuten von beiden Seiten braten. Apfelspalten herausnehmen und zur Seite stellen.
3. Zucker und Honig in die Pfanne geben und unter Rühren so lange köcheln lassen, bis sich der Zucker vollständig aufgelöst hat. 25 g Butter und Sahne unterrühren und nochmals 1 Minute köcheln lassen.
4. Für die Crêpes das Mehl in einer Schüssel mit dem Salz vermengen. Die restliche Butter schmelzen und mit dem Ei und der Milch zur Mehlmischung geben. Alles mit dem Handrührgerät zu einem glatten Teig verrühren.
5. In einer beschichteten Pfanne etwas Sonnenblumenöl erhitzen. Etwas Teig in die Pfanne gießen und verlaufen lassen. Crêpe 1 Minute backen, dann wenden und nochmals 1 Minute backen. Mit dem restlichen Teig ebenso verfahren, bis er aufgebraucht ist.
6. Crêpes mit Toffee-Apfelspalten und Toffee-Sauce servieren.

Piña-Colada-Dessert

Lust auf Sommer im Glas? Einer Piña Colada kann man nicht widerstehen.
Wer keine Lust auf Puddingkochen hat, kann natürlich auch den nehmen, den man kalt anrühren kann. Den gibt es allerdings nicht in allen Geschmacksrichtungen. Kokos passt natürlich für dieses Dessert am besten.

Zutaten für 4 Portionen

1 Päckchen Vanillepuddingpulver
400 ml Kokosmilch (aus der Dose)
5 EL weißer Rum
250 g Schlagsahne
400 g Ananas in Scheiben (aus der Dose)

Aus dem Vorratsschrank:

50 g Zucker

1. Puddingpulver in einer Schüssel mit dem Zucker und 100 ml Kokosmilch verrühren.
2. Die restliche Kokosmilch in einem Topf kurz aufkochen lassen und dann vom Herd nehmen. Das aufgelöste Puddingpulver einrühren und Masse nochmals unter Rühren aufkochen lassen.
3. Rum einrühren und Pudding auskühlen lassen.
4. Die Sahne in einer Schüssel mit dem Handrührgerät steif schlagen und unter den Pudding heben.
5. Ananas in einem Sieb abtropfen lassen und in Stücke schneiden. Pudding und Ananas abwechselnd in Gläser schichten.

Solero-Cocktail

Ein fruchtiger Drink, der Erinnerungen an das beliebte Eis aus der Kindheit weckt – schnell gemacht und unglaublich lecker. Am besten eiskalt genießen. Prost!

Zutaten für ca. 1¼ Liter
350 ml weißer Rum
5 Päckchen Vanillezucker
1 l Mango-Orange-Maracuja Nektar

1. Rum mit dem Vanillezucker in einen Topf geben und unter Rühren leicht erwärmen, sodass sich der Zucker vollständig auflösen kann.
2. Maracujasaft unterrühren, Cocktail in Flaschen abfüllen und kalt stellen.

TIPP: Lecker auch als Likör, wenn man 200 ml Sahne zum Rum gibt und mit erwärmt.

Nuss-Nougat-Eistorte

Angst vor Kalorien? Dann bitte gleich weiterblättern. Ansonsten gibt es jetzt das Rezept für einen Nuss-Nougat-Cheesecake-Eiskuchen mit nur drei Zutaten.

Zutaten für 1 Springform (ø 22 cm)

800 g Nuss-Nougat-Creme
250 g Schokomüsli
400 g Frischkäse

1. 200 g Nuss-Nougat-Creme in einer Schüssel mit 200 g Schokomüsli verrühren und als Boden in die Springform drücken.
2. Die restliche Nuss-Nougat-Creme mit dem Frischkäse in eine Schüssel geben und mit dem Handrührgerät verrühren. Dann auf den Boden der Springform streichen.
3. Torte mit Klarsichtfolie abdecken und mindestens 3 Stunden einfrieren, am besten über Nacht.
4. Vor dem Servieren Torte etwas antauen lassen und mit dem restlichen Müsli bestreuen.

Käsekuchen

Mindestens einmal im Monat gibt es bei uns einen frisch gebackenen Käsekuchen. Früher habe ich nie Backmischungen genutzt. Aber dieses Ergebnis hat mich echt begeistert – ideale Konsistenz und ein toller Geschmack. Ein bisschen aufgepeppt mit frischen Früchten wird daraus der perfekte Käsekuchen.

Zutaten für 1 Kuchen

1 Backmischung Käsekuchen
500 g Magerquark
300 g fettarmer Joghurt
300 g Erdbeer-Johannisbeer-Fruchtaufstrich
150 g gemischte Beeren

Aus dem Vorratsschrank:

250 g Butter
4 Eier

1. Den Käsekuchen nach Packungsanweisung mit der Butter, den Eiern, Magerquark und Joghurt zubereiten und backen. Abkühlen lassen.
2. Fruchtaufstrich auf dem Kuchen verteilen und mit Beeren garnieren.

Himbeer-Joghurt-Eis-Pops

Für die schnelle Erfrischung zwischendurch sollte man immer ein paar Eis-Pops in der Gefriertruhe haben. Zur Zubereitung des Eises kann jede Fruchtsorte verwendet werden. Als Eisförmchen eignen sich wunderbar leere Joghurtbecher.

Zutaten für 10 Eis-Pops

1 Zitrone
500 g TK-Himbeeren
50 g Honig
500 g Sahnejoghurt griechische Art

1. Die Zitrone auspressen und den Saft mit den Himbeeren im Mixer pürieren.
2. Honig und Joghurt in einer Schüssel mit dem Handrührgerät verrühren. Das Himbeerpüree unregelmäßig unter den Joghurt heben.
3. Die Masse in 10 Förmchen füllen, jeweils ein Holzstäbchen in die Mitte stecken und die Eis-Pops mindestens 4 Stunden einfrieren.

Blätterteigtörtchen mit Vanillepuddingfüllung

Diese Törtchen sind einfach zu verführerisch. Sie schmecken am besten noch lauwarm mit viel Puderzucker.

Zutaten für ca. 12 Stück

2 TL Puderzucker
1 Rolle frischer Blätterteig
1 Zitrone
½ Päckchen Vanillepuddingpulver

Aus dem Vorratsschrank:

2 TL Mehl
275 g Zucker
200 ml Wasser
250 ml fettarme Milch

1. Das Mehl in einer kleinen Schüssel mit dem Puderzucker verrühren und die Mischung auf einer Arbeitsfläche verteilen.
2. Den Blätterteig auf die bemehlte Arbeitsfläche geben und von der langen Seite her ganz eng aufrollen. Blätterteigrolle in 12 Stücke schneiden (ca. 1–2 cm dick).
3. Jedes Blätterteigstück rund ausrollen, sodass es in eine Muffinform passt. Blätterteig in die leicht eingefettete Form drücken, sodass ein kleines Nest entsteht.
4. Die Zitrone heiß abwaschen und die Schale abreiben. Den Backofen auf 180 °C Umluft vorheizen.
5. 250 g Zucker mit Wasser und Zitronenschale in einem Topf köcheln, bis die Masse etwas dicklich wird. Abkühlen lassen.
6. Pudding nach Packungsanweisung mit der Milch und dem restlichen Zucker zubereiten. Den abgekühlten Sirup dazugeben und unterrühren.

7. Den Pudding in die Muffinförmchen füllen und Törtchen 15 Minuten im Ofen backen. In den Förmchen abkühlen lassen. Vor dem Servieren aus der Form heben und mit Puderzucker bestäuben.

Sauerkirsch-Schokoflocken-Kuchen

Eine Backmischung kann nur so gut sein wie das, was man daraus macht! Also am besten mit diesem Rezept loslegen.

Zutaten für 1 Kastenform (25 cm)
1 Backmischung Schokoflockenkuchen
150 g weiche Margarine
200 g Puderzucker
1 Glas Sauerkirschen (350 g Abtropfgewicht)

Aus dem Vorratsschrank:
3 Eier
60 ml fettarme Milch
Fett für die Form

1. Backmischung (ohne Schokoflocken), Margarine, Eier und Milch in eine Rührschüssel geben und mit dem Handrührgerät auf höchster Stufe 3 Minuten cremig rühren. Backofen auf 160 °C Umluft vorheizen und die Kastenform leicht einfetten.
2. Die Hälfte des Teigs in eine zweite Schüssel füllen und ⅔ der Schokoflocken aus der Backmischung unterheben.
3. Die Sauerkirschen abtropfen lassen, dabei 5 EL Saft auffangen. Die Hälfte der Kirschen unter den Teig ohne Schokoflocken heben. Abwechselnd löffelweise die beiden Teige und die restlichen Kirschen in die Kastenform geben.
4. Form in den Ofen schieben. Nach 15 Minuten Backzeit den Kuchen der Länge nach in der Mitte ca. 1 cm tief einschneiden. Dann weitere 45 Minuten backen.

5. Kuchen aus der Form lösen und vollständig abkühlen lassen.
6. Puderzucker mit dem Sauerkirschsaft (löffelweise) zu einer dickflüssigen Glasur verrühren, den Kuchen damit bestreichen und mit den restlichen Schokoflocken bestreuen.

TIPP: Die in der Backmischung enthaltene Schokoglasur aufbewahren und ein anderes Mal verwenden, zum Beispiel, um Kekse zu verzieren

Blaubeer-Trifle

Okay, schneller geht es wirklich nicht: ein fertiger Kuchen, eine Puddingcreme ohne Kochen und frische Beeren – im Zusammenspiel wirklich lecker.

Zutaten für 4 Portionen

1 Päckchen Vanillecreme
200 g Blaubeeren
150 g fertiger Zitronenkuchen

Aus dem Vorratsschrank:

300 ml fettarme Milch

1. Vanillecreme nach Packungsanweisung mit der Milch zubereiten.
2. Blaubeeren verlesen, waschen und mit Küchenpapier trocken tupfen.
3. Abwechselnd zerkrümelten Zitronenkuchen, Vanillecreme und Blaubeeren in Gläser schichten.

Mousse au chocolat

Einer cremigen Mousse kann keiner widerstehen. Entweder pur servieren oder mit Sahne und frischen Beeren toppen.

Zutaten für 4 Portionen

300 g Zartbitterschokolade
200 g Schlagsahne

Aus dem Vorratsschrank:

3 Eier

1. Zartbitterschokolade in Stücke brechen und in einer Schüssel langsam über einem Wasserbad schmelzen lassen. Etwas abkühlen lassen.
2. Die Eier trennen und das Eiweiß in einer Schüssel mit dem Handrührgerät steif schlagen.
3. Das Eigelb einzeln unter die geschmolzene Schokolade rühren. Dann den Eischnee unterheben.
4. Die Sahne in einer Schüssel mit dem Handrührgerät steif schlagen und grob unterheben. Masse in Förmchen füllen und mindestens 3 Stunden kühl stellen und fest werden lassen.

Waffeln mit Beeren und Crunchy-Almond-Eis

Pate standen hier die klassischen armen Ritter aus altbackenen Brötchen oder Weißbrotscheiben. Mit Eierwaffeln und leckerer Eiscreme aber noch viel besser.

Zutaten für 4 Portionen

250 g Eierwaffeln
300 g gemischte Beeren
500 ml Crunchy-Almond-Eis
2 TL Puderzucker

Aus dem Vorratsschrank:

250 ml Milch
50 g Zucker
1 Ei
3 EL Butter

1. Milch, Zucker und Ei in eine Schüssel geben und verrühren. Eierwaffeln in die Milchmasse tauchen, kurz abtropfen lassen und zur Seite stellen.
2. Beeren verlesen, waschen und mit Küchenpapier trocken tupfen.
3. Butter in einer großen beschichteten Pfanne erhitzen und die Waffeln darin von beiden Seiten goldbraun braten.
4. Waffeln auf Teller geben, mit Beeren und Eis anrichten und vor dem Servieren mit Puderzucker bestäuben.

Rezeptregister

Kleine Stärkung

Für den kleinen Hunger

Hauptgerichte

Desserts

Zutatenregister

Bildnachweis

Shutterstock.com:

S. 8: Ilia Nesolenyi, MarcoFood, Lidia_L, Jiri Hera, Eivaisla, New Africa, Spalnic, Peter Hermes Furian, bigacis, Astrid AC, MaraZe, gresei, jamakosy; S. 10: Jiri Hera, Photoongraphy; S. 12: Astrid AC, bigacis; S. 14: gresei, New Africa, Eivaisla; S. 16: Ilia Nesolenyi, jamakosy, Spalnic; S. 18: MaraZe; S. 20: Eivaisla, Spalnic; S. 22: Jiri Hera, Peter Hermes Furian, Photoongraphy, Creatus; S. 24: Spalnic; S. 28: bigacis, Photoongraphy, Lidia_L Spalnic; S. 30: nelea33, nblx, bigacis, stockcreations, Spayder pauk_79, Mny-Jhee, Charlotte Lake, bigacis, jamakosy, Moving Moment, innakreativ, bigacis, Ermak Oksana, Spalnic, Markus Mainka; S. 32: nelea33, Viktory Panchenko, Markus Mainka, Charlotte Lake; S. 34: nblx, Spayder pauk_79, Mny-Jhee, Spalnic; S. 36: stockcreations, Viktor1, Charlotte Lake; S. 38: jamakosy, Geshas, Spalnic; S. 40: Viktor1, bigacis, Moving Moment, jamakosy; S. 42: bigacis, Ermak Oksana; S. 44: Dulce Rubia, innakreativ, bigacis, Mny-Jhee; S. 46: Photoongraphy; S. 48: Eivaisla, New Africa, MarcoFood, innakreativ, Bozena Fulawka; S. 50: bigacis; S. 52: Yullishi, Moving Moment, RcriStudio, bigacis, BartTa, MaraZe, Ermak Oksana, Framarzo, UnderhilStudio, timquo, Gulyash, MaraZe; S. 54: timquo, Yullishi, MaraZe; S. 56: Moving Moment, PosiNote, bigacis; S. 58: MaraZe, RcriStudio; S. 60: Gulyash, Peter Hermes Furian, Anton Starikov, Jiri Hera, bigacis; S. 62: Moving Moment, Ermak Oksana, BartTa; S. 64: bigacis, Moving Moment; S. 66: Framarzo; S. 68: JeniFoto, gresei, Markus Mainka, Emilio100; S. 70: Anton Starikov, MaraZe; S. 72: Yullishi, exopixel, Eivaisla, Viktor1; S. 74: Evgeny Tomeev, AmyLv, exopixel, BartTa, Viktor1; S. 76: Gulyash, Moving Moment, Eivaisla, jamakosy; S. 78: innakreativ, AlenKadr, bigacis; S. 80: GSDesign, Sergii Koval, Photoongraphy; S. 82: Anton Starikov, nblx, MaraZe; S. 84: Moving Moment, bigacis, Spalnic, bigacis; S. 86: DeeaF, Photography Cornwall, exopixel, Anton Starikov; S. 88: jamakosy, Photoongraphy, GSDesign; S. 90: Anton Starikov, GCapture , kurganskiy, AlenKadr; S. 92: Diana Taliun, Viktor1, bigacis; S. 94: Jag_cz, Viktor1, Geshas, New Africa, , Pixel-Shot; S. 96: Mny-Jhee, Moving Moment, GSDesign; S. 98: AlenKadr; S. 100: US 2015, Viktory Panchenko, Emilio100, Glevalex; S. 102: AlenKadr; S. 104: Dan Kosmayer, innakreativ, Ana-Maria Tegzes; S. 108: Gulyash, mujijoa79, MsMaria; S. 110: Anton Starikov, Eivaisla, nblx, Maryia_K; S. 112: Emilio100, US 2015; S. 114: Moving Moment, GSDesign; S. 116: New Africa, Spalnic, Emilio100, MsMaria; S. 118: Eivaisla, stockcreations; S. 120: Yullishi, Mny-Jhee, New Africa, Moving Moment; S. 122: nelea33, Bozena Fulawka, AlenKadr, Spalnic; S. 124: Yullishi, Emilio100, Spalnic, Ermak Oksana; S. 126: PhotoPaper, Photography Cornwall, bigacis, New Africa, baibaz, Spalnic, Lidia_L, Natali Zakharova, UnderhilStudio, Eivaisla, gresei, GCapture, Spalnic, Garsya, AlenKadr; S. 128: New Africa, UnderhilStudio; S. 130: PhotoPaper, bigacis Lidia_L; S. 132: DUSAN ZIDAR, Natali Zakharova, Eivaisla, AlenKadr; S. 134: Photoongraphy, Eivaisla; S. 136: bigacis, New Africa, Africa Studio, Eivaisla; S. 138: Africa Studio, GCapture, gresei; S. 140: BigNazik, Spalnic, MaraZe; S. 142: nelea33, bigacis, Tanya Sid, Spalnic, gresei; S. 144: Lidia_L, Photoongraphy, Spalnic; S. 146: GCapture, New Africa, bigacis; S. 148: nelea33, Photography Cornwall, bigacis, Garsya; S. 150: bigacis; S. 152: baibaz, Eivaisla; S. 154: Jr images, DUSAN ZIDAR, bigacis.

Alle weiteren Bilder stammen von Patrick Rosenthal.